봄볕 아래 펜을 들고

봄볕 아래 펜을 들고

최중영 시집

이든북

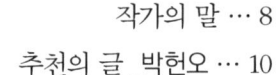

차례

작가의 말 … 8
추천의 글 _박헌오 … 10

제1부 봄볕 아래 펜을 들고

봄꽃을 보며 … 14
소망의 노래 … 15
아침 … 16
바람 … 18
님 찾는 밤 … 20
달빛 종소리 … 21
봄볕 아래 펜을 들고 … 22
사위어가는 순간 … 23
너와 나 … 24
타다 남은 재 … 26
엄마에게 쓰는 편지 … 28
어느 소녀 묘비에 새겨진 글 … 30
바다 … 31
명상(冥想) … 32

만리포에서 … 33
소녀의 길 … 34
네잎 클로버 … 36
상념(想念) … 37
바닷가에서 … 38
가을 편지 … 39
쥐불놀이 … 40
내 곁을 떠난 슬픔 속에서 … 42
구절초 … 44
섣달 그믐밤에 … 46
소녀의 3·7일 기도 … 48
귀향의 환각 … 50
잔잔한 파문(波紋)·1 … 52
잔잔한 파문(波紋)·2 … 54
사랑스런 밤 … 56
산중에서 … 57
새침떼기 말괄량이 … 58
루이제 린저의 '동심(童心)' … 62

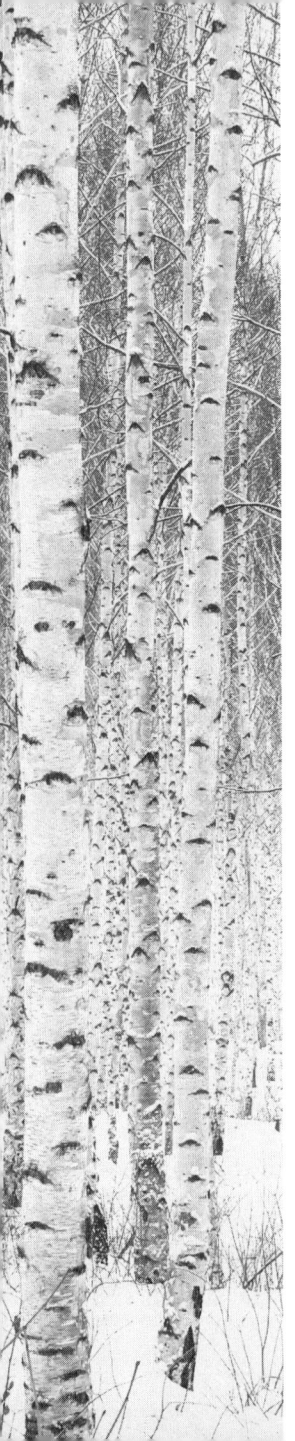

제2부 파라오 투탕카멘

빨간 고추잠자리 … 64
떠나는 길 … 66
낙엽을 태운다면 … 68
전(傳)하노니 … 70
별난 해후(邂逅) … 72
〈솔잎〉에게 안부를 … 73
님의 나비 … 74
오늘이 가고 … 76
특별한 아침 날 … 77
종착지(終着地) … 80
추억(追憶) … 82
불안전한 관계 … 84
사랑하는 이에게 … 87
변심(變心) … 88
망각(忘却) … 90

보고 싶은 친구여 … 91
파라오 투탕카멘 … 92
첫 기일(忌日) … 94
6시(時) 기상(起床) … 96
늦여름에 … 97
그대 영전(靈前)에 … 98
생(生)과 사(死) … 99
원죄(原罪) … 100
고향땅을 지나며 … 102
모순 덩어리 … 104
묻지 않을 삶 … 105
생명 1983 … 110
삶의 외침 … 111
헌인릉의 토요일 오후 … 114
심신계곡을 찾아서 … 116
금강이 삼킨 두 송이 꽃 … 117

작가의 말

처녀시집이 나온 지 얼마 되지 않았으나 젊은 시절의 나머지 작품을 정리하며 두 번째 시집을 낸다. 나의 젊음이 모두 정의(定義)되고 간직된다는 의미이다. 숨 가빴던 긴 시간 속에서 잠자고 있었던 나의 젊음을 다시 먼지를 털어 소중히 한다는 것은 숭고한 내 삶을 사랑하고 있음이요, 또다시 시작하는 또 하나의 삶을 사랑할 것이라는 다짐이기도 하다.

58년생의 인생은 행운이고 축복이었다. 무엇이든 열심히만 하면 할 수 있었고, 개천에도 용이 나는 세월 속에서 살았기 때문이다. 어렵고 힘들기는 했지만 나에게도 학교, 직장, 사업 이 모두가 가슴 떨리고, 심장이 쫄깃쫄깃한 기쁨으로 남게 되어서 이렇게 다시 책을 읽고 글을 쓸 수 있는 시간과 환경이 주어졌다. 젊음의 소용돌이를 거쳐 내 삶을 이렇게까지 있게 해준 가족들과 친구들과 지인들의 진심 어린 관심과 따뜻한 사랑에 고개 숙여 감사드린다.

인생 제2막의 〈옥천살이〉도 만족스럽다. 정신적 육체적인 건강이 날로 좋아지고 있음을 느낀다. 지금까지는 무엇인가를 해야만 했다. 빨리빨리 모범적으로 잘해야만 했었다.

이젠 그런 삶보다는 무엇에도 구애받지 않고 계획하지 않으며 자유스러운 하루하루, 그때그때에만 열심히 살아가려고 다짐하며 살고 있다.

최고의 황금기를 살고 있는 듯해서 조심스럽게 행동하며 살기로 했다. 요즘은 누군가가 날 시기할 것 같아 날기가 두렵기는 하다.

젊음의 시절부터 내가 사랑하고 싶었던 시문학 창작활동도 이제 본격적인 시작의 알림일 뿐이다. 꽃과 새들을 벗 삼아 노니는 〈옥천살이〉는 용솟음쳤던 젊음의 감성을 되찾는데 안성맞춤이다. 격랑속의 어두운 시(詩)보다는 인간미 넘치는 밝고 깨끗하고 사랑스런 시를 통해 자연을 노래하는 시인으로서, 썩은 나무와 함께 심폐소생 목공예작가로서도 거듭나도록 공부하며 노력할 것이다.

또 다른 삶의 노래는 나의 행복이며 기쁨인지라 우리 모두 같이 나누고 싶다. 다음 작품을 기대해도 좋을 듯 한 예감이다.

2024년 12월 **최중영** 씀

■추천의 글

형해(形骸)의 심곡(心曲)

 오래된 나무는 긴 세월 바람과 햇살과 비, 천둥을 맞고 나서야 잎을 거두고 그 뼈의 형상을 드러내며 가장 깊은 혼의 소리를 들려준다. 그 모습은 진상(眞相)에 가까이 간 것이요 정령(精靈)의 집이 보이는 것이다.
 사람도 삶을 살아가면서 수많은 계절이 바뀌고 시련과 도전, 고통과 빈한(貧寒)의 경험을 건너 초연하게 바라보는 마음의 골짜기에서 자신의 최상의 곡조를 울려줄 수 있을 것이다.
 잃어버린 고향 언덕에 변함없이 피고 지는 제비꽃, 패랭이꽃, 엉겅퀴, 달래, 풍란처럼 그려둔 그림이 남아 있어 그것을 꺼내 본다면 향기보다 깊은 심향(心香)이 넘쳐날 것이다. 세월을 겪고 나서야 가질 수 있는 향기요, 글이나 그림이나 음악을 가진 사람이 환생시킬 수 있는 불멸의 생명인 것이다.
 얼마 전에 지인의 소개로 최중영 시인을 처음 만났고, 작가로부터 오랫동안 간직해온 원고를 정리해서 출판을 하고 싶다.'는 얘기를 듣고 시인이 직접 경영하는 한 출판사를 소개했었는데 이번에는 그 출판사에서 나에게 추천사를 써줬으면 좋겠다는 부탁과 함께 몇 장의 사진과 작품을 보내왔다.

귀촌하며 최중영 시인이 안고 온 소중한 자산인 듯하다. 사진은 작가가 직접 깎고 다듬어 제작한 나무 조각품인데 나이가 얼마일지 모르는 긴 세월을 살다가 몸을 바꿔 뼈만 남은 옹이를 조각한 작품이었고, 또 하나는 시인이 7,80년대 청년시절에 써놓았던 원고 뭉치였다. 순간 나는 「형해(形骸)의 심곡(心曲)」이란 말이 떠올랐다. 마치 난파선에서 발견된 항해일지같이 진귀한 자산임을 직감할 수 있었다.

자신의 진솔한 기록을 가지고 있는 사람은 다른 사람이 갖지 못한 보고(寶庫)를 가진 풍족한 사람이다. 이를 정리해서 책으로 엮어둔다는 것은 영원히 살아갈 정신적 생명체를 탄생시키는 것이다. 최 작가는 타고난 문학적 재능을 가지고 있으면서 지난 반세기 동안 모태에 품고 있다가 이제 제2 인생을 위해 귀촌하면서 비로소 출산하고, 기르고, 꽃피우고자 하는 열정이 타오르고 있음을 확인할 수 있는 대목이었다.

문학을 사랑하는 도반의 한 사람으로서 최 작가의 앞날에 무한한 기대를 가지며 성원을 보낸다. 지금까지 창작해온 작품들도 높은 문학성을 가지고 있지만 이제 본격적으로 시심(詩心)을 가다듬고 작품 창작에 정진한다면 더욱 고매한 작품들로 세상을 놀라게 해줄 것으로 확신하며 최중영 시인의 두 번째 시집 상재(上梓)에 추천의 말씀을 드린다.

다울 **박헌오**
(초대 대전문학관장)

도라지꽃 한 송이는
하늘빛 잎을 흔들며
흐느꼈던 지난날의 숨을 토한다.

―「바람」中

제1부
봄볕 아래 펜을 들고

봄꽃을 보며

네 꽃피우는 곳에
어머님 고향 있었소.
긴 옷고름 속에
노란 네 모습 웃음 지었소.

이 봄도
네 몸은 휘휘청청 하건만
고향 떠난 어머님
널 보면 반겨 하리오.

소망의 노래

하루를 거닌 발걸음들이 점차 맥없어질 때
해는 서산에 지친 듯 숨는다.
새 해가 뜨면
아무도 모를 머언 산 너머
누구도 모를 행복의 소망이 걸쳐져
거닐었던 발걸음마다
희미하게 찾아드는 희망일 테다.

어떤 소망에서 달아나는 노래를 부르면
지쳤던 발걸음도 휴식을 준다.
새날이 밝으면
삶을 내팽개치고 뒤집어썼던 이불.
절망에 한숨짓고 비우던 술병이
묶고 묶어서 접어둔 악보 악보마다
붉은 해가 가슴 벅차게 동산에 뜰 테다.

아침

날아갈 듯
온 몸에 고동이 친다.

옷깃에 스치는 바람마저 잠들면
가뿐한 기지개를 펴고
나도 몰래
나만의 하루를 만들고 싶다.

아침이슬 툭툭 털고
한 송이 백합꽃에 모인 노랑나비와 함께
오늘을 살아 갈
야생화 꿀과
청정 약수물과
상큼한 바람을 찾아 나서고 싶다.

갓 난 송아지 음매소리 들리면
푹신한 잠자리 이불을 개고
이렇게 나도 몰래

나만의 하루를 만들고 싶다.

날아갈 듯
온 몸에 고동이 친다.

바람

도라지꽃 한 송이는
하늘빛 잎을 흔들며
흐느꼈던 지난날의 숨을 토한다.

먼 태고 적 이야기
아직 도라지타령도 없었던 그때
은파에 치마저고리 휘 젓으며
사뿐히 허리춤을 춰본다.
삼베적삼 성긴 틈사이로
님의 손길 되어 파고들던 바람이다.

떠나보내는 뒷모습이
천년을 본 것처럼
등은 굽어있고
머리카락은 민둥산이다.
삼베 긴소매 깃 부딪히며
님의 침묵되어 흐르던 바람이다.

세월이 흐르듯이 바람도 흐른다.
바람을 타고 세월 속에서
영원은 영원으로 흐른다.
영원은 영원으로 흐른다.

님 찾는 밤

한 여름 밤
총총한 별 속에 묻혀
항성이 되어 있을 너를 찾는다.
깜빡거리는 북극성 옆 조그만 별도
강가에 맴도는 연노란 별빛도
님의 얼굴 아니 닮은 낯선 나그네일 뿐.

주막에서 술잔 기울이랴 보이질 않나
병실에 누워 있어 보이질 않나
가뭄에 기우제 지내는 농군과 같이
애태워 하늘 보며 기도를 한다.

찾지 못해 헤매이는 은하수 강가
찾고 있던 내 님 별은
저 유성, 별똥별.

달빛 종소리

달빛이
금모래 빛으로 내리는
하얀 눈 위를 걷는다.

샛별같이 반짝이는 네 눈동자와
유랑하는 너의 고뇌를 황야에 숨기고
우렁찬 네 음성으로
지금 누굴 부르려고
이 시간 산천초목을 깨우느냐?

희미하게 스며오는 십자가의 그림자가
참사랑의 진실인건가?
혼자 걸어가는 설원(雪原) 위에
사랑 믿음 소망
종소리가 가득 차 퍼질 때
네 마음은 하얗게 밝아지리라.

봄볕 아래 펜을 들고

4월의 여인은
연 노란빛 봄날에 목련화를 보며
소리 없이 울었다.
주인 바뀐 정원은 그저 긴 목을 드리운 채
먼 산을 지키고 서있다.
그대 그리운 언저리에 이대로 서서
한그루의 들꽃을 심으려 한다.
피었다 지고 피는
생명 있는 이름 모를 꽃을
봄볕 아래 펜을 들고 원고지 위에 그리고 있다.

사위어가는 순간

청옥(靑玉) 속에서
빛나던 별들이
하나둘씩 사위어 갑니다.

찬란했던
지난밤에 꿈을 아쉬워하며
다시 소생(蘇生)할
태양을 위해
하나둘씩 사위어 갑니다.

칠흑빛 순간들이
영원히 사위어 갑니다.

너와 나

잔잔한 호수 속에
불그스레 먼동이 터 오르누나.
젊음과 용기와 사랑을 싣고
우리의 새해를 맞게 하누나.

너와 나
영원을 약속한 오늘
이 아침 함께하며 발 디뎌보리.
먼 대해를
저 넓은 광야를
저 높은 창공을
너와 나
젊음으로 맘껏 흡미(吸味)해보리.

거센 파도가
휘몰아치는 눈보라가
우리의 새아침을 위협하여도
너와 나
용기로써 헤쳐 나가고
포근하고 따스함으로
고귀한 사랑을 영위해보리.

타다 남은 재

생각하는 마음
기다리는 마음
소망하는 마음
하늘을 바라는 마음을 안고
청정한 날이 소리 없이 내려앉는데.

일상 속에 누려지는 향연
꽃을 찾는 나비의 꿈처럼
쓰러져간 기억과
되살아나는 추억과
잊고 싶은 환몽과
간직하고 싶은 회상들은
점점 시간이 멀리 흘러내려도
되돌아보면 잡을 수 없는 것인데.

아! 나는
지는 꽃의 절망으로 눈이 멀고
두근거리는 노래의 무덤에서

지금은 이미 망각해버린
희미한 미련만이 접혀가며
그 무엇인가 일깨워주는 듯
영혼이 가슴까지 설레는 밤인데.

타다 남은 재는
안타까운 꿈의 향취에
오늘도 방황의 길을 걷는다.

엄마에게 쓰는 편지

박꽃을 따다 주세여.
어릴 적 옛날 돌담 밑에 심었던
하얀 박꽃을 따다 주세여.

초생달이 노랗게 걸려있는 가을 밤 이지만
엄마가 보고 싶고 누이가 그리울 때면
남몰래 섧게 우는 박꽃 한 송이를 갖고 싶어요.
서녘을 향해가는 저 달이 지기 전에
사랑방 창가에 널고 싶어요.

내일이면
서리가 시작된다는 상강(霜降)이래요.

숨죽이는 꽃잎이 시들기 전에
엄마, 박꽃을 따다 주세여.
어릴 적 옛날 장독대 옆에 심었던
누이와 같이 심었던 하얀 박꽃을 따다 주세여.

당신의 모습은
활짝 웃는 가을 한낮의
구절초입니다.

―「구절초」中

어느 소녀 묘비에 새겨진 글

칠흑같이 까만 밤
시골 기차역의 어둠을 뚫는 정적소리가
곱디고운 발자국을 더욱 아프게 한다.

넓은 가슴에 혼(魂)까지 묻어버려 껍데기인데
새벽 아침 이슬처럼 맑고 청초(淸楚)했던 소녀의 꿈이
상처 난 발자국 속으로 쌓인다.

논둑길로 이어지는 외길
공동묘지의 번쩍이는 섬광(閃光)을 쫓아
한 걸음 한걸음 다가서간다.
흥청거리는 넋들의 만찬에 참석하여
산발(散髮)한 모습으로 초췌(憔悴)한 애가(哀歌)를 부른다.

  구름 속 가신님은 사랑할 수 없어도
  저 먼 하늘만은 사랑하게 해주세요.
  혼(魂)을 앗아간 님이시어 하늘만은 사랑하겠어요.
  영원토록 사랑해줄 저 하늘만을

바다

춘하추동의 바다
동서남북의 바다
생노병사의 바다
희노애락의 바다

온갖 고난을 업은 채 폭풍우가 몰아친다.
온갖 비밀을 품은 채 바다는 말이 없다.

온갖 불만을 폭발하듯 파도는 부서진다.
온갖 평온을 펼친 듯 바다는 잔잔하다.

명상(冥想)

기다려야 하는 날
초침의 두려움도 없이
카바레 붉은 빛깔의
비행기 트랩 밟는 국제공항 발자국을
정녕 기다려야만 하나.

겨울밤 다실(茶室)
한적한 모퉁이에 앉아
쓸쓸한 커피 한잔을 마시며
시(詩) 한수 적는 소리 없는 전쟁이다.

살얼음 되는 가슴을 쥐고
신들린 무당의 굿거리장단을 친다.
시계도 없이 시공(時空)을 메꾸는 무지(無知)의 영원을
진정 기다려야 하는 날로 시간을 지켜야 하는가 보다.
인적 끊긴 텅 빈 공항엔
오지 않을 시공(時空)을 기다리며
시(詩) 한수로 소리 없는 전쟁을 치르는 중이다.

만리포에서

새벽 목탁소리는 내 영혼을 부르고 있다.
청바지 차림의 밀짚모를 눌러쓰고
슬리퍼를 끌며 청량한 새벽소리를 찾는다.
비구니승의 염불은 산속 나무나무 사이로 잔잔히 깔린다.
목향 내음이 가득하다.
고향 없는 피서객들의 흔적들
과일 껍데기 비닐 봉다리가 바다물결에 밀려다니는
만리포의 암자다.
무(無)를 무(無)라고 설명하는 그 자체가
본질적인 모순인 것이다.
혼(魂)과 혼(魂)만의 대화는 무아지경(無我之境)이란다.
무소유의 행복론(幸福論)을 운운.
불법(佛法)은 나뭇잎이 흔들리어 이는 바람이다.
어느덧 천리포 바닷바람이 끈적인다.
장딴지에 모기회식을 시킨다.

소녀의 길

청순한 꿈을 기리며
기도하는 소녀는
살며시 눈을 폅니다.

안간힘을 다해
마지막 순간만을 떨구지 않으려던 잎새는
낙엽 되어 바람 따라 구릅니다.
늦가을에 실려 오는 찬 서리와 함께
멀고 먼
외로운 나그네 길을 떠납니다.
가냘픈 삶에 환멸을 느끼며.

흐르는 눈물은
뽀얀 볼에 주루룩 흘러내립니다.
기도의자를 밀치고
낙엽 따라 소녀는 떠나갑니다.
새로운 삶을 찾아
길 잃고 헤매는 어린 사슴처럼

낙엽 뒹구는 아스팔트길을 걸어갑니다.
멀고 먼
외로운 나그네 길을 향해.

네잎 클로버

수많은 풀포기를 온통 뒤져서
한나절을 찾았다던 네잎 클로버.
아직도 잃지 않은 풀 내음은
너와의 옛 사랑을 못 잊어하며
영원한 행복만을 빌겠노라던
파르르 떨리는
청아한 네 음성도 떠나버리고
아름답던 추억은 점점 야위어간다.

그리운 기억들은 순애보 책갈피 속에
빛바랜 클로버를 고이고이 간직하며
이름 모를 벌레들이
가느다란 그물맥만 남기더라도
우리의 옛사랑과 추억을 위해
영원히 네잎 클로버를 간직하리라.

상념(想念)

숨소리조차도 없는 밤.
희미한 불빛 아래
저 멀리 별들을 보며
끝없이 끝없이 그려본단다.

보드란 얼굴
매끄런 손등
바구니 옆에 끼고 소라 줍던 소녀를.
사랑에 님 그리며
어제의 님 찾으며
울고 웃는 섬 소녀를.

뭍 떠난 섬 소녀야!
드나드는 밀물 썰물처럼
헤어짐이 새로운 만남이며
만남이 또 다음의 헤어짐인가 보다.
서녘 별들이 잠들 때까지
뭍 향한 님을 보며 울고 웃으리.

바닷가에서

끝없는 수평선
외로운 바닷가에 갈매기만 날고
철썩이는 파도가 내 가슴을 치네.

저 멀리 외딴섬
거친 파도의 어젤 기억하고 있는 섬은
바위섬 꼭대기에 앉은 짝 잃은 철새처럼
오늘 아침 더욱 쓸쓸한 바람만 부네.

갈매기여 드높아라
파도여 철썩여라
풍랑아 몰아쳐라
그 어느 날들의 슬픔과 아픔 모두를
수평선 넘어 싣고 떠나는 네 모습에
박수치며 노래 부르리.

가을 편지

사랑하는 나의 벗아!
이 깊은 가을밤에 지금 넌 무엇을 하니?
하늘에 반짝이는 초롱한 별들만이 내 마음 아는 것 같구나.
돌담 밑에 귀뚜라미 노래하지만
침묵 속에 창가에 앉은 난
오늘도 사랑하는 널 기다리고 있단다.
깊은 추억에 잠기며
하루 이틀 사흘
멀어져 가는 지난날의 기억들을 아쉬워한다.

사랑하는 나의 벗아!
한잎 두잎 떨어져가는 낙엽 위를
너와 나 같이 거닐던
낙엽 쌓인 그 가을을 넌 잊지 않았지?
아기별이 되어보고 싶다던 그때 그 말이
넌 하늘에서 갓 내려온 천사 같았어.

오늘도 낙엽의 길 위를 회상(回想)하면서
그리운 이 밤 너에게 편지를 쓴다.

쥐불놀이

구름 속 흐르는 듯
밤하늘의 황젤 지켜보는데
빠알간 노오란
전장에 뿜어대는 화염과 같이
둥그럼 그리며 흔들리는 불씨.

들녘에 가득 찬
크고 작은 불들의 향연
동그란 댄스.
달구어진 화염깡통을 손에 흔들며
적진 향해 돌격하는 아랫동네 아이들
숫자가 열세인 산 밑 아이들이 줄행랑을 친다.
승리에 기쁨으로 더욱 휘황한
정월대보름의 고향 들녘은
벌겋게 상기된 얼굴들로 웃음꽃 핀다.

수많은 불씨와 불티는 창공으로 던져지고
장독대 남은 찹쌀밥이 그리워
삐걱이는 싸리문 밀치며 엄말 찾는다.
헐떡헐떡 오곡 찹쌀밥이다.

내 곁을 떠난 슬픔 속에서

어느 날
강가에 갓 피어난 하이얀 백합화는
바람에 흩날리는 파이프 담배 연기처럼
붉게 물든 노을 속으로 떠나갔다오.

자연과의 만나고 헤어짐이
모두 천륜(天倫)의 법칙인 것을
조용히 떠나보내지 못하는 아쉬움에
너를 찾는다.
지성(知性)의 발견과 미(美)를 추구하던 너.
사랑과 선(善)이 충만한
아름다운 제2의 삶속에서
너의 정갈하고 소박함을 함빡 피우어다오.

바람이 몹시 거센 오늘
소리 없이 흐르는 눈물 훔치며
안장사(安長寺)의 네 앞에 앉았다.

실낙원 속에서의 행복을 비는
스님의 염불과 목탁소리.

이루지 못한 너의 생(生)
포근히 영위(榮位)하길 빌며
먼 후일
우리 다시 만날 때
기쁨에 찬 술잔을 들어 건배를 하자.

모란 꽃잎 속의 너를 그리며
오늘 향촉 대 앞에 서서 불을 피운다.
내 곁을 떠난 슬픔 속에서.

구절초

슬프지도 외롭지도 않게
한가로이 들녘에 피어있는 당신을
소년은 무척이나 사랑했습니다.
차갑던 비바람도
무덥던 폭양(曝陽)도 견디며
당신을 위해 지내왔습니다.
하얀 보라 핑크빛의 당신이
꽃잎으로 가지런히 있을 때
향내음에 취한 소년은
당신의 발 베개에 잠들었습니다.
갈 하늘 빨간 고추잠자리는
콧등에 앉아 간지럼을 피네요.
곱디고운 당신의 손등에 키스를 하며
부끄러운 미소를 날립니다.
당신의 모습은
활짝 웃는 가을 한낮의 구절초입니다.

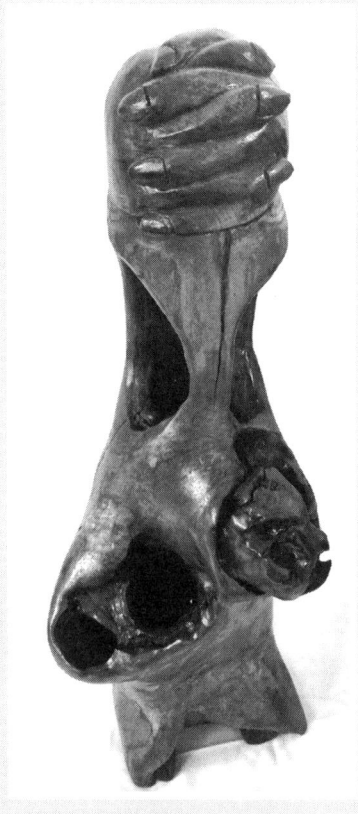

루이제 린저(Luiser Rinser)는
내 마음속에 아직도 살아있다.

—「잔잔한 파문·1」中

섣달 그믐밤에

저마다 귀향길에 오르는데
혼자 남은 서울하늘은 쓸쓸하구나.
설레임 가득 싣고 떠나는 열차
환호성 울리며 미끄러져 가면
철길에 남는 여운 고향의 밤 뿐.

달도 없는 섣달그믐
앞산 솔밭 속에
커다란 눈 부비며 부엉이 울고
개울건너 산모퉁이 외딴집에선
적막한 개 짖는 소리만 들리어 온다.

늙으신 어머님 손자 업고서
한양(漢陽) 가 수학하는 아들 오려나
호롱불 받쳐 들고 동구 밖에서
이제나 저제나 행여 기다리시네.

달도 없는 섣달그믐
따스한 어머님 손 매만져보며
밤하늘의 별과 함께
이 밤이 다가도록 속삭인다네.

소녀의 3·7일 기도

동면(冬眠)의 24시
춥고 배고픈 정한(情恨)의 눈물
불당을 엄습하는 어린소녀의 흐느낌이었다.
3·7일 기도 마지막 날
열세 살 미물(微物)의 운명이 삶을 일으켜 세우고 있다.

모두가 잠든 절간에
쓰러질 듯 쓰러질 듯 뒤틀린 다리를 끌며
녹아내리는 촛농위에
꺼져가는 촛불을 다시 켜고 있다.

반야심경(般若心經) 목탁소리는
빨간 허리끈을 동여맨
외할머니의 겨울밤에 자장가였다.
연기 뿜는 향불 속엔
자비의 눈빛을 조롱하는 벙어리 소녀의 통곡과
연좌(蓮座) 금불상을 경멸하는
법당의 애련한 밤이 침묵하고 있었다.

두 번의 소생은 원치 않는다.
소녀만을 기억해주는
산과 바람과 물과 햇빛이 있다면
불상 앞에 엎드려
동면의 24시를 지키려
기도하고 또 기도한다.

귀향의 환각

고향 막차를 기다리는
버스터미널의 다실.
터덜거리는 신작로 자갈길로
까만 산길 20리 들어가야 하는데
동구 밖 고목은 벌써 눈앞에 서성거린다.

차가운 불빛아래
고향의 먼지를 뒤집어쓴 뿌연 버스에 몸을 싣는다.
포대기에 아기를 안고 젖 물린 아낙네와
삿갓 머릿속에 틀어맨 상투가 어렴풋하다.
무겁고 나른한 피곤을 베개 삼아 지그시 눈을 감는다.
얼어붙은 밭 위에
임시로 가설한 노천극장에서 환각의 테이프가 돈다.

학교로 군으로 해외로 남편에게로
더러는 하늘로 올라간 친구들까지
테이프에 먼지를 털고 본다.
만나보고 싶은데 손에 잡히질 않는다.

한참을 꿈속에서 헤매다가 버스 종점에 와 닿는다.
막차버스는 기침소리조차도 없이 엔진이 꺼진다.
고향 가는 밤
노천극장의 불도 꺼진다.
칠흑의 천왕봉 위에 북두칠성은 더욱 빛난다.

잔잔한 파문(波紋) · 1

루이제 린저(Luiser Rinser)는
내 마음속에 아직도 살아있다.
수도원의 티 없이 맑은 영혼만을 주워 담아다가
교단에서 어린아이들을 가르쳤다.
나치스 히틀러 정권에 항거하다가
교단을 떠나 결혼을 하고 소설을 쓴다.
처녀작 파문(Die glaesernen Ringe)으로
문단의 찬사가 시작되더니
히틀러 정권으로부터 출판금지와 함께
지독한 감시와 압박을 받는다.
2차 세계대전의 끝자락 러시아전선에서 남편도 잃고
반 나치스활동을 한 죄로 그녀는 투옥까지 된다.
1945년 전쟁이 끝나고 감옥에서 석방되면서부터
그녀의 영혼은 인류의 비극과 고발을 묘사하고
유대인에게 가했던 동족의 만행을 고발하는 소설을
세상에 알리기 시작한다.
그때 받은 충격적인 소설 하나가
생의 한가운데(Mitte des Lebens)였다.

한국 신문에서 그녀의 문학작품과 일대기를 연재하면서
턱에 손바닥을 괴고 고뇌에 가득 찬 얼굴로
먼 곳을 응시하던 그의 모습에
난 그 모습에 반하고, 그의 글에 반해버렸다.
그녀 할아버지가 동양에서 선물로 가져온
불상(佛像)을 보며 참선을 했단다.
독어선생님으로부터 추천받은
횔덜린의 히페리온(Hyperion)을 읽으며
인간의 어둠 컴컴하고 미궁 같은 격정의 세계가 아닌
맑고 예지로 빛나는 샘물 같은 정신의 세계를 인식하며
그녀 자신을 키워왔다고 했다.
지면으로 줄곧 그녀를 읽으면서
또 다른 글을 읽고 글 씀을 배워왔다.
이것이 나의 첫 잔잔한 파문이었다.

잔잔한 파문(波紋)·2

루이제 린저의 생의 한가운데(Mitte des Lebens).
이것이 나의 글 씀에 첫걸음이었는데
히페리온(Hyperion)에 빠져 있던 린저(Rinser)와
무엇이 통했던 것일까 알 수 없는 일이 생겼다.
부대로 날아온 한 통의 소포 속에는
해무(海霧)를 즐겨 찾고
엽서를 즐겨 써서 보내는 숙녀의 선물이 있었다.
이것이 무슨 운명의 장난인 것인가
예쁘게 포장된 소포에는 히페리온(Hyperion) 책이
곱게 싸여있었다.
속장에는 〈건강해, 인숙이가〉 이것이 끝이다.
또다시 내 가슴에 잔잔한 파문을 일으키게 된
두 번째의 파문이었다.

횔덜린의 히페리온은 편지를 엮은 소설이다.
군대에 가있는 히페리온과 그의 연인 디오티마.
그의 친구와 전우(戰友)와의 오가는
아름다운 사랑의 비가(悲歌)다.

이성적인 사랑에 인간적인 사랑의 본능을 억누르며
루이제 린저(Luiser Rinser)가 살아왔던 것처럼
죽음 뒤에 찾아올
견디기 어려운 아픔보다
감동스럽도록 지극히 사랑했던 사랑을
이대로 영원히 간직하는 것으로
생의 마감을 결심하는 애가(哀歌)이다.
디오티마는 떠났다.
하지만 숙녀는 내 곁을 떠나지 못하고
아직도 주변에서 맴돌고 있었다.
내 스치는 예감의 촉은
아마도 이별의 고백이 아닐까 했다.
그 이후로 더 이상의 엽서와 소포는 없었다.
잔잔히 일었던 파문도 이제 사그러지고
먼 곳 별나라의 소설이 되고 말았다.
언젠가 느닷없이
세 번째의 잔잔한 파문이 또 일어나는 것은 아닐까?

사랑스런 밤

칠흑의 밤거리
아카시아 꽃잎은 곤두박질치는 별똥별에 반짝인다.
모든 것이 사랑스럽다.
내 소유의 모든 것들이 사랑스럽다.
첫사랑 인숙이의 치아가 사랑스럽고
팽나무골 때까치 울음이 아름답다.
내 고향 괴목정의 칡 내음이 사랑스럽다.
사랑스런 밤이다.

산중에서

평온 아닌 평온 속에서
지금 난 평온하다오.

거세게 떨어지는 물거품 속에서
지저귀는 산새들의 노래 속에서
울어대는 저 벌레소리 들으며
산중에서 지금 난 행복하다오.

맑고 고운 물속에 잠겨
신선이 된 것처럼 난 행복하다오.

찻집에서 흘러나오는 경음악도
주막집의 흥타령도 아닌데
물소리 새소리 벌레소리들의 오케스트라 연주를 들으며
산중에서 지금 난 행복하다오.

새침떼기 말괄량이

훤칠한 키에
부끄럽게 삐져나온 뻐덩니를 한
말괄량이인 것 같으면서도
때로는 새침떼기인 듯하다.
큰 오빠친구들이 모여서 얘기하는 소리에
귀 쫑긋 세우다가 들켜
얼굴 붉게 뛰쳐나가던
호기심 많은 사춘기 적 소녀였다.

뻘겋게 녹슨 철 대문 열고 들어서니
자취방 문턱에 편지한통이 놓여 있다.
〈오빠에게 지희(智姬)가〉였다.
내동 멀리서만 기웃거리던 녀석이
어느덧 예비 숙녀가 된 듯한 어투로
깨알스런 단어의 조잘거림으로
세 장씩이나 편지를 써서 보낸 것이다.

오빠 곁에서 부채질이라도 해주고 싶단다.

요즘은 아현동 우리집에 왜 놀러 오지 않느냐고 투정이다.
지난 일요일에는 학교 친구랑
만남 약속마저 미룬 채
행여 오빠가 오늘은 놀러 오지 않을까
집을 지키고 서성였다는 것이다.
기다림 속에서 갑갑한 마음에 펜을 들었단다.
기분이 썩 나쁘지만은 않은 편지다.
다음 달 모임 때 아현동엘 가거든
따스히 손이라도 잡아줘야겠다.

처음부터도 그랬지만
언제나 예쁘고 귀여운
때로는 새침떼기 말괄량이의 동생일 뿐이다.
그저 친구의 여동생일 뿐이다.
그래도 내 눈에는 소녀로 보일 때도 있다.
자주 이런 편지를 받아보고도 싶어진다.
그리고 답장도 써주며
아무도 모르게 데이트 날짜도 잡아보고 싶다.

끝 장에는
큰 오빠에게는 절대 비밀이란다.
하하, 깜찍한 녀석
오빠는 일찍이 눈치 채고
벌써 나를 떠밀어내고 있었다.
허리 졸라 맨 깡똥한 치마교복이
긴 다리에 꽤나 잘 어울리던 철부지가
눈비 맞으며 어느덧 벌써 많이도 컸다.

처음처럼
언제나 예쁘고 귀여운
때로는 새침떼기 말괄량이의 동생일 뿐이다.
그저 친구의 여동생일 뿐이다.
그러나 자꾸 되새김질하듯
봉투 속에 예쁜 꽃무늬에 반듯한 글씨의
첨부된 시 한편을 읽고 또 읽는다.

아 침

어둠이 뿌려진 이 밤에
아득한 빛으로 밝아올
새 아침을 기다립니다.

환희의 소리가 여울질
새 내일을 고대합니다.

내일은 기대로 얼크러진
마음의 물레로 질서 지우는
은밀한 역사 시간입니다.

아침 해가 저 멀리 산에서
떠오를 때 화려한 아침의
성찬을 기약하는 약속의
시간임을 믿습니다.

루이제 린저의 '동심(童心)'

느닷없이 낯선 집엘 찾아든
어린 꼬마와 주인 아주머니와의 대화.

꼬마의 어머니는
그를 밖으로 내돌린다.
꼬마에게는 두 아버지가 있다.
어머니는 아버지가 찾아오면
그를 밖으로 내보낸다.
또 다른 아버지가 오면
또 그는 밖으로 나가야만 한다.
이상스런 생활의 굴레다.
꼬마는 엉엉 우는 일 밖에 없었다.
아버지들이 번갈아 올 때마다
꼬마는 쫓겨나서 울었다.
그때마다 꼬마는 영문도 모른 채 울었다.

제2부
파라오 투탕카멘

여기는 모래 터
만든 운명에 시달리는
새 세대의 임금이 태어난다.
—「파라오 투탕카멘」 中

빨간 고추잠자리

적막함 속에
포도향기 깔린 곳이
나의 쉼터라오.
작렬하는 태양 밑에서
그대 모습을 상상하고 있소.

벽지 위에 또박또박 이름을 새길 때면
곰살맞은 한 마리 빨간 고추잠자리.
살포시 날아와 날개 짓하면
가쁜 숨죽이며 수줍게 영접하러 나가오.

맴돌다가
앉을까 말까 가시방석에 내려앉은 듯
내 마음 알지도 모른 채
큰 눈 사방을 경계하며
쏘아보는 눈초리에 난 눈물이 나오.

버선발로 뛰어나가 반기던 설렘이

작고 초라한 내 모습 되어
장독대 뒤로 숨고 말았소.

빨간 고추잠자리 내 사랑이여
언제까지 이맘 이렇게 버려두오리까.
파르르 날개 가르며
맑고 영롱한 눈빛으로
맴돌며 춤추는 그대 모습 앞에서
여름하늘의 세레나데를 불러주고 싶소.

떠나는 길

님이여 떠나지 마오.
못 다한 일 어찌하고 떠나려 하오.
국화에 몸을 싣고 떠나는 님아
왜 말도 없이 떠나려 하오.
온 세상 사람들이 님을 부르오.
님이여 끝내 떠나시려거든
백의(白衣) 자손 잊지 말고
이 겨레 길잡이 되어주소서.
님께서 떠나시려니
정원에 목련꽃도 눈물 흘리오.
님께서 하신 말씀 아직 사라지지 않았는데
님께서 남기신 웃음 아직 지워지지 않았는데
떠나시는 님을 붙들며 뜨거운 눈물로 배웅하시던 그 분.
님도 보시었는가.
떠나보내는 마지막 길목에서 님도 보시었는가.
아직 해도 지지 않았는데 벌써 잠자리에 드시다니
일어나 주오, 일어나 주오.

아직 해도 지지 않았는데.
아직 해도 지지 않았는데.

낙엽을 태운다면

청송(靑松)을 불사르는 아궁이
굴뚝으로는 희 꺼먼 연기
온 누리를 적시며 자연과 인간을 삼킨다.
자연은 맵디매운 연기에 굴복하고
인간은 꿈틀거린다.
끓는 피의 사람들은 더욱 벅차게 격동한다.

까맣게 그을린 서까래 부엌이 무너지기 전에
타오르는 청송에 물을 끼얹고
아궁이에 해머 질을 할 것이다.
죽음의 질서마저 망각해 버린 채
하늘을 떠도는 영혼들은
연기에 취한 광인(狂人)이 되어 갈 길을 잃는다.

물속에서 물끄러미 지켜보던 물고기가
돌 밑으로 몸을 숨기며 외친다.
파란 솔가지 말고
낙엽을 태운다면, 낙엽 긁어 태운다면.

아하, 잘 가라 미안하다.

전(傳)하노니

눈깔이 삐었나
애비 애미도 모르는 놈
젊은이 늙은이도 모르는 놈
선한 이 악한 이도 모르는 놈
빌어먹을 세상
술이나 퍼마시자.

눈깔이 뒤집혔나
옛 말에 찬물도 순서가 있는 법
순리도 모르는 배은망덕(背恩忘德)한 놈
사는 것도 질서와 순리가
죽는 것도 질서와 순리가 있는 법인데
이 애미도 없이 자란 놈 같으니라고
넌 내 아버님을
그리고 친구의 아버님 어머님을
법이 없어도 사시는 우리 분님들을
순차(順次)도 없이 마구 데려가 버렸어.
개자식만도 못한 놈 같으니라고.

이토록 더러운 욕지거리가 나오더라도
넌 마땅히 들어야 해.
그러나 지금이라도 용서받을 순 있어.
네 손모가지로 데려간 우리 분님들 편히 모시고
남아계신 우리 분님들 못다 한 분님들의 삶까지
연장(延長)시켜야만 돼.
나 그리고 우리친구들
오늘도 널 저주하며 이렇게 술을 마시고 있어.
내가 전하는 이 말 명심하지 않는다면
우리가 마시던 빈 술병에 골통 두 쪽 날줄 알아라.
그날까지 칼을 갈며 독을 삼키며 지켜보겠어.
눈깔이 삔 놈아
눈깔이 뒤집힌 이 놈아
내 가슴은 방망이질하며 피가 솟는다.
전(傳)하노니
내 오장육부(五臟六腑) 더 이상 뒤틀리지 않게 하길.

별난 해후(邂逅)

악수조차 잊었다.
말도 잊었다.
시선만이 부딪혀야 했다.
이렇게 마주서서
의미 없는 망부석이 되었으면 했다.

〈솔잎〉에게 안부를

새(新) 사람들
그리고 네(四) 사람들
고마움을 느끼며 살아가고 있듯이
〈솔잎〉에게 진심으로 감사함을 전한다.
기호 수고,
성민 수고,
원성 수고,
이 풍진 세월을 벗어났으니
맘 편히 술 한 잔도 어렵진 않겠다.
표규 안녕, 성근 안녕, 완섭 안녕, 재성 안녕.
고(苦)에 시달리느라 변변찮은 점심으로
기나긴 창자를 채우자니 주름살 접히겠다.
여기 육군 최 병장
오늘도 〈솔잎〉의 내일을 보면 가슴 벅차다.
터질 듯한 환희로 안부 전한다.
새(新) 사람들
그리고 네(四) 사람들
안녕하여라.

님의 나비

하이얀 목련꽃에
살포시 내려앉은 님의 나비야.

님이 보고 싶구나.
님의 소식 전해다오.

님의 음성 듣고 싶구나.
님의 속삭임 들려다오.

님의 미소 그리웁구나.
님의 얼굴 그려다오.

님에 나비야
이 목련꽃 고이 들고
님의 앞에 전해 드려다오.
편안 잠 주무시며 웃어 달라 전해다오.
사랑한다 전해다오.
존경한다 전해다오.

하이얀 목련꽃에
살포시 내려앉은 님에 나비야
님에 나비야.

오늘이 가고

해야 멈추어라.
느릿 가는 부랄 시계추까지도 멈춰버리게.
그럼 나
분가루에 볼 부비고
립스틱에 입맞춤하며
오만하게 즐겨보리라.
아침은 그렇게 역행하고
소용돌이 속에서
얼핏 내 얼굴이 보인다.
또 다시 오늘이 간다.

특별한 아침 날

부대 막사를 떠나 외박 나온 첫날
새벽의 찬 공기를 마시며 목욕탕엘 다녀왔다.
가벼운 몸으로 다방의 스피커 밑에 앉아있다.
긴장된 시간 속에서의 담뱃 물은 것이 아니고
아주 차분히 가라앉은 마음으로
이렇게 담배를 피워 물고 있다.
피곤이 가득한 눈으로 커피 잔을 들고 온다.

따끈한 액체를 들여 마시며
친구 녀석들의 전화번호를 기억해 낸다.
재성 362-8901 따르릉.
나, 여보세요?
잠자리에서 일어나 전화 수화기를 든 모양이다.
잘 지내고 있단다.
〈솔잎〉 친구들은 못 만나고 있단다.
성근의 입시문제도 모르고 있단다.
삶에 동반자임을 맹약(盟約)했던 시간도 오래되었다.
망각(忘却)은 시간 때문이다.

그래, 우리 〈솔잎〉 많이도 변했다.
꾸짖고 싶지도 않다.

가슴은 차분하다.
공병대에서 군 복무하는 기호 녀석의 아버지 생신이란다.
전화라도 해드리란다.
아, 친구 아버님의 생신까지도 기억하는
우리 〈솔잎〉이었구나.
고맙다.
역시 우리의 〈솔잎〉은 건재(健在)한 공백의 시간들이다.
2년 아니 3년만 더 지탱해보자.
우리 다시 한자리 모여
지난날을 회고(回顧)하며 건배 할 그날이 있으리라.

바다의 사나이 원성, 곡괭이 기호, 방독면 완섭,
인재 원통의 성민, 장교후보생(?) 표규, 샐러리맨 재성,
하늘나라의 영호와 성복이가 있다.
모두모두 잘 지내라.

새해의 새 장(場)은 펼쳐져 있다.
훌륭한 디자인을 하자.
집에 들어가 제대로 된 아침식사를 해야겠다.
이젠 일어서자.

종착지(終着地)

풀어헤쳐진 교회 공터에
십자가 깃대는 오르고
체념할 수 없어서 내리지 못하는
학교 깃발만이 펄럭인다.

밤에 달려온 소년이 울며
꼬나문 담배 뿌연 연기 사이로
노인을 훔쳐본다.
여기가 종착지일까
꿈을 좇던 소년은
학교 모래바닥 운동장을 마냥 달린다.

녹슨 교문은 아직 닫히질 않았다.
수위실의 옅은 불빛만 남아
경비원은 연신
소년과 노인의 검은 그림자만 비춘다.
소년은 묻는다.
여기가 종착지인가요?

노인은 그저 담배연기로만
힘없이 답한다.

추억(追憶)

〈영국신사〉라고 놀려댔다.
머나먼 거리의 이질감으로 그저 불쾌했었다.
단어의 의미조차도 모르는 나이였기 때문이다.
지금에서야 그날을 되돌아본다.
그녀는 일찍이 조숙함을 드러내곤 했었다.
그리고 성숙된 가슴의 그녀였다.
그날의 나는 과연 영국신사와 흡사는 했던 것일까
그녀에게 비친 내 모습이 정말 영국신사였을까
그 생각만 하면
난 홍당무 얼굴에 화끈 달아오른다.
그냥 왠지 모르는 미소가 흐른다.
그녀는 지금도 영국신사라고 기억하고 있을까
다시 한 번 영국신사라고 놀림 받고 싶다.
그것이 첫사랑의 추억이었나 보다.

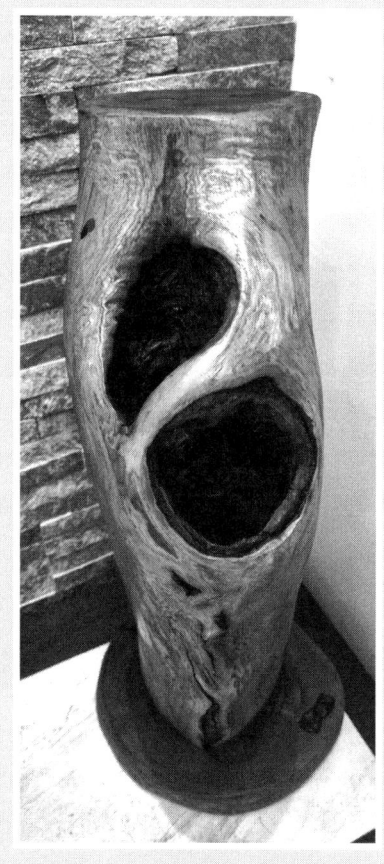

산천의 초목은
그댈 신(神)께 보내드리옵니다
그대, 그댈 기리며

―「그대 영전에」 中

불안전한 관계

자신조차도 자신이라 부르지 못하는 주제에
어찌 내 핏줄을 핏줄이라 부를 수 있겠는가?
핏줄에 대한 관계를 설명하지 못한 채
되돌아 나서는 발걸음은 메가톤급이었다.
그토록 무거워야 했던 이유는 무엇일까?
어느 날 우리의 핏줄은 도산되었다.
폐가가 된 집안처럼 뿔뿔이 철저하게 도산되었다.
핏줄의 농도가 엷었기 때문이다.

우리의 삶에 방법은 달랐다.
그 방법을 일체화 시켜야 했다.
그러나 첫째로의 문제점은 경제적인 어려움이었다.
일차적인 해결책을 찾기 위해
우리는 뿔뿔이 철저하게 흩어져 버렸다.

술이라도 한잔 마시고 나면 내 핏줄들이 더욱 그리워진다.
삶에 방편은 물론 거처지(居處地) 마저 확실치 않다.
얼핏 알고 있는 방향을 찾아 나선다.

그러나 막상 당도하여
그들로부터 어떠한 관계인가를 질문 당할 때는
한마디 말도 못한 채 목구멍이 꽉 메어
멍하니 그들의 시선만을 바라다 볼 뿐이다.
정신이상자 마냥 실없이 고개만 끄덕이고 문을 나선다.
대답의 무의미함을 안다.
무슨 바람이 있겠는가?
서로의 얼굴을 대한다 한들 무슨 할 말이 있겠는가?
소용이 없다.
매 한가지 폭발할 듯한 가슴들.
핏줄이면서도 아직은 핏줄이어서는 안 된다.
우리는 남남이어야 한다.
우선 자신을 찾아 나서야 한다.
몇 시간이 지나면
난 별천지(別天地)를 향한 발걸음을 해야 한다.
젊음의 대합실이다.
그곳에서 잃어버린 내 자신을 찾아야 한다.
일년 후 난 개찰구를 빠져나와

어느 열차 칸에 올라서게 될 것이다.
핏줄의 만남에 종착역을 향해 열차는 달릴 것이다.
분명 우리는 그 종착역에서 새 혈통으로 다시 만나야 한다.
뜨거운 볼을 부비며 한곳에서 만날 수 있어야 한다.
그날을 위해 난 나대로
서로는 서로의 길 위에서 부비적 거려야 할 것이다.
이것이 지금과 내일의 우리 관계인 것이다.

사랑하는 이에게

하늘로 가는 날개를 타세요.
동전보다는 사과잎으로 몸을 가리고
우선은 멀미를 뱉어내는 포도주를 듭시다.
어제는 밤새 꿈만 꾸던 분
이제는 사과잎으로 가슴을 가리고
상큼
하늘로 가는 날개를 타세요.
사랑하는 이여.

변심(變心)

부평역에서의 시외버스는 그녀 집 옆을 지난다.
차창 밖으로 정류장을 내려다본다.
아무도 없다.
그저 수은등 불빛만이 허공에 분산된다.
올 10월에 그녀는 웨딩마치를 올린다.
낯모르는 사내와 팔짱을 끼고 주례 앞에 서있을게다.
벌써 버스는 영등포에 진입하고 있다.
뿌연 먼지로 차창은 뒤덮여있고
망막은 역전앞에 놓여있다.
시계탑 광장은 모두가 비틀거리며 죽어있다.
술에 취해 비틀거리고,
매춘부와 포주들이 죽어있고,
어둠속에 그녀도 죽어있다.

목포행 보급열차
전신전화국의 장거리 전화벨 소리만
처절한 길거리에 괴성들을 쏟아 붓고 있다.
포도를 짓이기며

마이크로버스 매연을 따라 시외버스는 말없이 달린다.

우리는 알에서 깨어나
죽음의 사열대 앞에 도열해 있다.
간사한 주례사는 죽음의 행진곡이며
잉태된 생명체의 맥박은
임종직전의 숨소리에 불과하다.
숨 막히는 고통의 한(恨)을 토해내고 있는 것이다.
혼란스런 길거리에는 갑자기 소낙비가 내린다.
군인의 모자 속에서는 뜨거운 눈물만이 흐른다.
고무신 거꾸로 신은 변심(變心)이 강물 되어 흐른다.
그녀 앞에서 할 수 있는 것이 없다.
군인은 나약하다.

망각(忘却)

세상에서 가장 무서운 것이
망각(忘却)이라던
국어 수업시간이 문득 스친다.

요즘 들어선 그 망각보다도 더 무서운 것이 생겼다.
그것은 곧 자아(自我)
내 자신임을 안다.
엊그제 사랑을 해놓고 미워한다.
잊고, 잊어버리고
오늘 또다시 사랑을 한다.

보고 싶은 친구여

푸르른 날들은 그리운 사람이 그리워질까?
떠나간 친구의 기타 노랫소리는
철모 밑에서 계양산 계곡으로 흐른다.
그립지 않더라도
그저 의미 없는 눈물이라도 흘리고 싶다.
그리운 사람을 그리워하는 가슴을
꼭 붙들고 싶다.
오랫동안 붙들어 두고 싶다.
메아리 져 뒹구는 친구의 목소리와 잔영(殘影)이
이대로 오랫동안 남아줬으면 좋겠다.

파라오 투탕카멘

여기는 모래 터
낳지 않은 아기 임금을 위해
쌓아 올리는 피리미드가 보인다.
방금 뱀 꼬리를 엮어 만들었다는
감독의 채찍만
이따금씩 하늘에 도사려진다.

빨랫줄에 목 맨 젊은 아낙의 시도는
젖먹이의 헛된 울부짖음으로 토해졌는데
그 넓은 모래사막의 나라
오래된 신화도 모를 바에야
순종에 눈뜬 한 아버지의 아들이 되는 것이
차라리 나을 거다.

어디로도 떠날 생각을 못하는
양순한 모래의 노예들은
한번쯤의 발악으로
물에 바른 모래벽돌을 찍어보지만

여기는 모래 터
만든 운명에 시달리는
새 세대의 임금이 태어난다.

첫 기일(忌日)

동강이 난 허리를
삼베로 불끈 동여 메고
고향의 아버지를 부른다.

내일 죽어 갈지도 모른다.
손가락을 허공중에 내 저으며
귀여운 막내 동생에게 편지를 쓴다.

내일이 아버님 기일(忌日)이시다.
삼색과일 따뜻한 흰밥에
생전에 좋아하셨던
오징어 숙회를 올려 드려라.
그리고 술 한 잔 더 올려드려라.
그 술잔은 형의 몫이란다.

그제 9월 보름달이 오늘도 둥실 떠간다.
술 취해 비틀거리며
〈울고 넘는 박달재〉의 구성진 노랫소리 들리는 듯하다.
아버지의 소리이고,
골목길의 발걸음이다.

6시(時) 기상(起床)

설운 세상.
지그시 눈을 감고
그냥 이불속에 누워 있어야지.

내 가엾은 것들아!
동녘의 햇살이 저주스럽다.
잠든 세상을 억지 일으켜 세우고
피로를 다시 만든다.

살육의 짐승처럼
전신에는 온통 시뻘건 피투성이로
해는 동산을 기어 나온다.
잠든 영혼마저
스멀스멀 꿈틀거린다.

나 홀로 6시 기상이었다.

늦여름에

맴 맴 맴 맴, 씨름 씨름 씨름.
늦여름의 태양은
온갖 매미들을 힘겹게 한다.
나뭇잎 사이로 햇살을 피해보지만
리어카의 열무장수
열무사려, 여얼무 소리에 화들짝 놀랜다.
한낮에 울어대는 왕매미 씨름매미는
벌써 가을의 전령사일테다.
아침저녁으로 솔솔바람이 시원하다.
열무장수가 지나간 그 골목에도
얼음골에 들렀다 나온 바람이 시원하게 분다.
늦여름의 태양이 아쉽고 못내 서운하다.

그대 영전(靈前)에

천체(天體)에 의지하는 생명을 위해
기나긴 찰라(刹那)를 조심스레 밟으며
자유와 평화에 애무를 하고
번영과 안정에 노래 부르던
차분한 음성의 그댈 우러렀는데
금빛 태양에
파란사과가 영글던 가을날 밤
수십억의 눈동자는 충혈로
산천의 초목은 통곡으로
그댈 신(神)께 보내드리옵니다.
눈먼 생명들을 용서하시고
초연(超然)한 두 걸음으로
영면(永眠)의 안좌(安坐)를 찾으옵소서.
비록 앞 못 보는 소경의 눈으로나마
그대 남기고 떠난 삶의 지혜와 의지로
자신 있는 역사의 한 줄을 이으렵니다.
굽어 보살펴 주시옵소서.
그대, 그댈 기리며.

생(生)과 사(死)

탄흔(彈痕)이 가시기도 전에
포연(砲煙)은 긴 하루 소리 없이 울다가
귀머거리 들꽃의 깃발을 집어 삼킨다.

총성 멎은 사격장에
희미한 달빛 너머로
머리 풀어헤친 야곡(夜曲)이 메아리 져 흐른다.

다시 총부리를 겨눈 가늠자는
흔들리지 않는 검지 손가락 방아쇠 당김에
풀 섶 잠자던 고라니가
영문도 모른 채
귀 쫑긋 놀라 달아난다.
뿌연 화약연기 맡으며
죽기 살기로 달린다.

3번 사로(射路) 사격 끝이다.

원죄(原罪)

흐른다.

입김은 불이 되어
눈빛은 파문이 되어
숨결은 영혼의 속삭임으로
참지 못한다.

불새는 불 곁에 있다.
기름이 되어
물을 부어도 꺼지지 않는 그 모습 그대로.

기름은 증발한다.
나상(裸像)은 옷을 걸친다.
그제서야
불을 끄는 여유를 안다.
내가 있다.
오직 내가 있을 뿐이다.

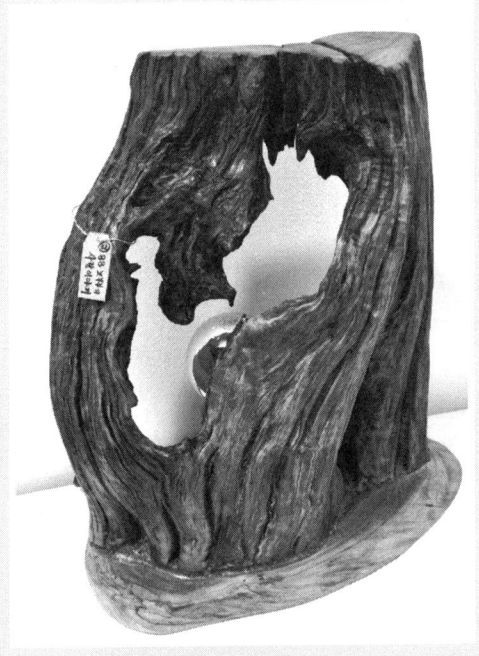

창밖에 시선을 던지던 너의 애련(哀憐)이
젊음 속에서 재가 된다.

―「생명 1983」 中

고향땅을 지나며

지나다가도
차창 너머로 먼 산을 주시한다.
언제 보아도
콩닥콩닥 내 가슴이 뛴다.
신도안(新都安) 소리만 들어도 뛴다.
내 고향이 거기 있기 때문이다.

내 친구와의 코 흘리게 추억이 담겨져 있고
내 첫사랑의 아련함이 숨겨져 있고
내 어머니의 헤진 옷고름이 나뭇가지에 걸려있고
내 누이의 중년(中年)의 아픔이
산 골(骨) 되어 흩어져 있기 때문이다.
계룡산 계곡 계곡 골짜기 마다
내 가슴이 아리도록 뛴다.
나의 유년시절이 모두 녹아있기 때문이다.

세월이 흘러 흘러도
소리 없이 내 모든 것을 지키고 있다.
거긴 언제 보아도
콩닥콩닥 내 가슴이 뛴다.
앞 유리창에 글썽글썽 눈물이 핑 돈다.

모순 덩어리

지구는 빈곤과 기아의 형상
밀치고 부딪히며
울고 웃는 아우성의 피안(彼岸).

길거리는
시체구더기가 꿈틀 기어 다니고
까마귀, 늑대는 이리저리 날뛴다.
옆으로는
찬란한 금 마차의 연회석 행렬이 지난다.
앙상한 손마디는
구호물품에 쌈박질 하는
수레바퀴에 뭉그러진다.

지구는 멸망의 직전
세계는 불균형과 불평등의 모순 덩어리
울고 웃는 아우성
바람의 언덕이다.

묻지 않을 삶

〈다가올 삶에 대해 묻지를 말자〉
지금껏
걸어야 할 미래의 일들을 묻고 살아왔지만
내 뼈가 굵어진 어제를 보내면서
다가올 내일의 삶에 대해 묻지 않고 살아가련다.
한치 앞도 내다볼 수 없는
미천하고 미약한 인간의 무리라는 것을 깨닫는 순간
무리의 인간들에게 내 삶을 물어본들
무슨 소용이 있겠는가?
비록 경험 있는 선배 일지언정
맞닥뜨리는 경우가 같지는 않다.
근사한 경우의 일치점을 찾을 수는 있다 하더라도
판단의 기준과 겪어왔던 과정이 같지 않기 때문에
물음의 필요성을 찾아볼 수는 없으리라.
설상 초 단계까지 똑같은 경우였을지라도
과거와 현재의 상황은 배제할 수는 없는 것이다.
결코 묻지 않는 삶을 살아갈 것이다.
하나의 두뇌와 다수의 두뇌정도는 차이가 있겠지만은

이제 난 묻고 사는 일은 원치 않는다.
선배, 친구들의 여러 의견을 모은 충고와 경험담을 통해
좌충우돌 하지 않고
순조로운 결과를 얻을 수는 있을 것이다.
그러나 그것도 최종의 결정은 오롯이 나의 몫인 것이다.
자기 자신의 노력의 최대치라면
어떠한 결과도 개의치 않겠다고 할 수는 있겠지만
제3자들은
그 결과에 대해서만 판단하고 평가하는 버릇이 있다.
이들의 복잡스런 생각들로 인해
오히려 일을 그르치는 경우도 왕왕 생긴다.
설상가상으로
걸어야 할 인생의 여로에 대해
사전 충분한 지식을 갖고 출발했다고 치자.
과연 그 여로는 무슨 흥미와 스릴이 있겠는가?
삶을 여로로 비유한다고 의아스러울지는 모르겠으나
인간은 나그네로, 인생은 여로로 난 표현하고 싶다.
이 나그네의 여로에는 슬픔도, 즐거움도, 기쁨도, 괴로움도

맛을 보는 여정이 필요하다고 생각하기 때문이다.
땀과 피와 눈물이 없는 삶을 원치는 않기 때문이다.
내 스스로 생각하고 판단하고 결정하는 일이
비록 실패의 연속이라 할지라도
그 여정 속에서는 수많은 스릴과 쾌락도 있게 마련이다.
아무것도 모르는 상태에서
기대감과 흥미로 시작하는 실험적인 삶을 통해
스릴과 쾌락,
그것을 얻기 위해 사는 삶의 방식도
나만의 방식이기 때문이다.
이런 맛은 밤거리 포장마차에서
소주 한잔 마시는 기분과 무엇이 다르겠는가?
이미 과정과 결과를 알고 시작하는 것에 대해서는
삶에 아무것도 없는 무의미일 것이다.
단지 괴로움만이 따라 다닐 것이다.
지금껏 걸어온 과정을 돌이켜 보건데
괜스레 머리만을 피곤하게 할 뿐
결과는 마찬가지로 후회스러워지게 된다.

글쎄 후회 없는 삶을 어떻게 살 수 있겠느냐 만은
어차피 후회하고 살아가야하는 인간으로써의 삶이라면
난 결코 묻지 않는 삶을 결정하련다.
삶은 짜릿함과 통쾌함과 고통과 슬픔과
같이 살아가는 동반자인 것이다.
묻지 않고 살아갈 내일에는
나의 생애에 많은 비중을 차지하게 될 것이다.
커다란 과제를 안아야 할 앞날에 대해
설렘과 두려움으로 카렌다를 본다.
첫 과제는 군복무 문제다.
삶의 토막을 나눠야할 기간일 것이다.
둘째로는 학업문제이다.
삶의 전체를 좌지우지 할 수 있는 중차대한 일로써
신중을 기해야할 뿐이다.
셋째는 결혼문제이다.
아직은 신경을 곤두세워야할 것 같지 않은 여유로움이다.
이 세 과제를 과연 어떻게 어떤 방법으로
이뤄내야 할 것인가에 대해서는

아직은 미지수로써 상상만 해도 떨리고
가슴 벅찬 쌍곡선이다.
젊음의 최 절정기에 나의 젊음을 성화처럼 불사르고 싶다.
가는 길을 묻지 않으며 후회 없이 달려볼 것이다.
「다가올 삶에 대해 묻지 않는 삶」의 결과는
나의 운명이고
내 몫인 것이다.
현재 내가 갖고 있는 것이라곤 젊은 육체와 정신뿐이다.
그 이외엔 아무것도 소유하고 있지 않다.
비록 부서지는 뼈가 될지언정
바람에 흔들리지 않고
태풍에도 뿌리 뽑히지 않으며
더위를 식히며 쉬게 해 줄
그늘이 되어줄 거목을 위해
하루하루의 참선과
살아 꿈틀거리는 영혼에 물을 주며 내일을 살아가련다.
재가 된 과거 속에서 미래의 거목을 상상해보며
이곳 서재에서 이렇게 섣달그믐밤을 보낸다.

생명 1983

젊음을 불태우며 생(生)을 키운다.
고즈넉한 갈 밤이면
나부끼던 낙엽소리에도
창밖에 시선을 던지던
너에 애련(哀憐)이
젊음 속에서 재가 된다.
사랑한다는 비명을 토하고
두 손 모아 너에 젖무덤을 부빈다.
이 밤이 가면 죽어질건만 같던 영혼도
너의 떨리는 가슴속에서 새로이 탄생한다.
밤새 맺힌 이슬방울이
찬연한 햇살에 뒹굴고 있을 때
스무 엿새 된 풋 날개를 둥지 위에서 퍼덕인다.
다시금 살아야 한다는 용솟음으로
힘찬 날개 짓을 해댄다.
광활한 대지 위에 젊음은 또다시 큰 생명으로 이어진다.

삶의 외침

양철지붕 밑
시멘트 벽돌 담장 넘어
고요히 식어가는 이 밤에
멀리서 삶의 외침이 들려온다.

하나둘씩 꺼져만 가던 불빛도 이젠 멈추고
저쪽 골목에서는
〈찹쌀떡〉 노파의 외침이
싸늘한 겨울밤 공기를 타고 들려온다.
아스라이 들리던 삶의 외침도 어느새 다가와
내 귀를 흔든다.

찬바람 들면서
밤마다 들리던 노파의 외침은 점점 뜸해지고 있다.
날이 추워질수록
〈찹쌀떠억〉의 목청이 가늘게 쉬어가고 있다.
따뜻한 목도리라도 건네주고 싶다.
보리차라도 한잔 따라주고 싶다.

온 세상이 잠든 새벽에 신문 보급소를 나와
옆구리 꽉 쥔 신문을 들고
시장골목을 지나 비탈진 〈신길동〉 언덕길을 오르내리는
내 삶과 닮은꼴의 외침이다.
〈신문이요, 신문〉
붉은 해가 떠오를 쯤 되면
땀 베인 츄리닝을 던지며 등교준비에 바쁘다.

노파의 거친 목청을 위해
도라지 꿀물이라도 타드리고 싶다.
오늘은 골목길이 조용하고 왠지 썰렁하다.
사흘째 노파의 〈찹쌀떡〉 외침이 들리지 않는다.
바람만이 골목을 헤치며 외로이 지난다.

어둡고 텅 빈 시장 뒷골목에
꺼칠한 등을 곤추세우며
굶주린 떠돌이 검둥이 개 한마리가
잔반쓰레기통을 뒤져

얼은 생선 대가리 한 토막을 찾아낸다.
꽁꽁 언 가시 덩어리를 허겁지겁 씹어대는데
먼 곳 저기에서
놓을 수 없는 노파의 삶에 외침이 아련히 귓전에 머문다.
〈찹쌀떡 찹쌀떠억〉.

헌인릉의 토요일 오후

속이 갑갑하고
마음이 울적한 토요일의 오후다.
조선 3대 임금 태종 이방원과
태종비 원경왕후 민씨의 쌍릉이 있는 헌릉.
조선 23대 순조와
순조비 순원왕후 김씨의 합장릉이 있는 인릉.
합하여 헌인릉은 누런 잔디마저 잘 다듬어져 있다.

피바람 불던 왕자의 난
노론 소론의 소용돌이
역사는 태평세월 평평하지만은 않다.
둥굴 넙적 뾰족한 것이 왕릉인 것처럼
내 마음을 닮아있다.
봉분꼭대기에 올라 배를 깔고 잔디 썰매를 타고 싶다.
석등을 부둥켜안고 엉엉 울고도 싶다.
그들이 그랬듯이
신하를 불러 꾸짖고 호통 치며
눈에 거슬리는 자 귀양도 보내보고 싶다.

내 가진 것도 없고,
내 주변에 갖은 이들도 없다.
화장실문 열 때마다
냄새가득 방안으로 기어드는 문 칸 사글세 방이고,
남한산성 땅꾼들이 많이 사는
광주 단대동 이주민촌에 시집 간 누이가 살고 있다.
오 갈 곳도 없는 토요일 오후.
낙엽 지며 바스락 거리는 갈참나무 밭을 걷다가
국사책 속에 누워계신 헌인왕릉 석상에 걸터앉아
서녘 하늘의 새털구름을 보며
능지기의 퇴장 호각소리만 기다리고 있다.

심신계곡을 찾아서

동학사 중턱에
울창한 나무와 새소리, 물소리 들으며
커다란 배낭을 내려놓고
〈은선폭포〉에 발을 담그고 있다.

물거품 되어 뿌옇게 흩어지는 폭포수의 물소리는
천년을 같이 한 판소리 명창들의 울부짖음으로 들린다.
목구멍에 피가 솟아 폭포수를 뚫을 때까지
소의 울음소리 북을 울린다.

가늘게 계곡 되어 흐르는 잔잔한 물줄기는
갑사로 가는 길의 〈오뉘탑〉에
비구 비구니 승(僧)의 애잔함으로 흐른다.
수행 길 땀방울 되어 남빛 장삼 젖을 때까지
오누이는 밤새워 승무를 춘다.

여기는 심신계곡 계룡산이다.

금강이 삼킨 두 송이 꽃

뜨거운 서울의 열기를 멀리 산과 물로 옮겼다.
저녁노을이 붉게 물든 금강철교아래
백사장은 하얀 모래로 펼쳐진 비단길이었다.
항고 밥에 라면 국물이면 부러울 게 없는 저녁 만찬인거다.
들뜬 설레임으로
금강의
여름 강바람을 맞으며 노래 불렀다.

아침햇살이 미치도록 내리쬔다.
아침밥은 먹는 둥 마는 둥 설거지도 뒷전인 채
친구들은 강물에 첨벙첨벙 몸을 담근다.
야구놀이를 하던 영호와 성복이가
보트에 바람을 넣느라 비지땀을 흘린다.
트렁크속바지에 하얀 이를 드러내고 강물로 뛰어든다.
이게 뭐지,
노를 저으며 보트놀이를 시작하던 녀석들이
갑자기 순식간에 급류의 물살에 몸을 옮긴다.
물위 보트 안에는 아무도 보이질 않는다.

금강철교아래 대형 익사사고 긴급구조다.
공주소방서에서의 비상 싸이렌 방송소리에
금강어부, 특수해병대, 수영선수 출신,
소방구조선, 어부의 나룻배까지 모두 출동했다.
긴급 구조대원들은 즉각 물속으로 뛰어들어 보지만
누구 하나도 보이질 않고, 잡히질 않는다.
가슴 태우던 뜨거운 한낮에 얼마나 시간이 흘렀을까
어제 도착했던 그 시간 그 무렵에 영호가 왔다.
강가에서 통곡하는 어머니, 아버지, 동생, 형, 누나
밤샘하며 기다리던 다음날 아침
아래 아래로 떠내려가던 성복이도 왔다.
망연자실(茫然自失) 넋을 잃은 남은 친구들은
싸늘히 누워있던 군립 보건소에서
자율 소방대원들의 배웅을 받으며 화장터로 향한다.
높은 굴뚝 검은 연기 뿜으며 작별의 손짓을 한다.

도시의 해방감에 좋아 죽던
입이 찢어지도록 활짝 웃던 모습을 본다.

슬픈 추억을 간직한 원한의 강
안타까운 우정을 떠내려 보낸 쓰라린 눈물의 강에
하얀 두 송이 국화꽃을 띄운다.
밤하늘의 가장 빛나는 별
달빛 창가에 턱 괴고 앉아 있는
너희들을 찾고 있다.
꿈속에서라도 만났으면 좋겠다.
죽도록 보고 싶다,
영호야, 성복아 잘 가라.
강물 위의 국화꽃도 사라지고 보이질 않는다.

봄볕 아래 펜을 들고

ⓒ 최중영, 2025

인 쇄 일 2025년 1월 2일
발 행 일 2025년 1월 10일
지 은 이 최중영
발 행 인 이영옥

펴 낸 곳 도서출판 이든북
출판등록 제2001-000003호
주   소 대전광역시 동구 중앙로193번길 73
전화번호 (042)222-2536
팩시밀리 (042)222-2530
전자우편 eden-book@daum.net

ISBN 979-11-6701-325-5
값 11,000원

* 잘못된 책은 바꾸어 드립니다.
* 이 책 내용의 일부 또는 전부를 재사용하려면 반드시
  저자와 이든북 양측의 동의를 받아야 합니다.